Anna Winky
Calendario de Colorear
2021
Mariposas

ehero

2021

2021

Lu	Ma	Mi	Ju	Vi	Sá	Do
				1 Año Nuevo	2	3
4	5	6 Epifanía del Señor	7	8	9	10
11	12	13	14	15	16	17
18	19	20	21	22	23	24
25	26	27	28	29	30	31

febrero

2021 2021

Lu	Ma	Mi	Ju	Vi	Sá	Do
1	2	3	4	5	6	7
8	9	10	11	12	13	14
15	16	17	18	19	20	21
22	23	24	25	26	27	28

marzo

2021 2021

Lu	Ma	Mi	Ju	Vi	Sá	Do
1	2	3	4	5	6	7
8	9	10	11	12	13	14
15	16	17	18	19	20	21
22	23	24	25	26	27	28
29	30	31				

abril

2021 2021

Lu	Ma	Mi	Ju	Vi	Sá	Do
			1	2 Viernes Santo	3	4 Domingo de Pascua
5	6	7	8	9	10	11
12	13	14	15	16	17	18
19	20	21	22	23	24	25
26	27	28	29	30		

MAYO

2021 2021

Lu	Ma	Mi	Ju	Vi	Sá	Do
					1 Día del trabajador	2 El Dia de la Madre
3	4	5	6	7	8	9
10	11	12	13	14	15	16
17	18	19	20	21	22	23 Domingo de Pentecostés
24	25	26	27	28	29	30
31						

Junio

2021 2021

Lu	Ma	Mi	Ju	Vi	Sá	Do
	1	2	3	4	5	6
7	8	9	10	11	12	13
14	15	16	17	18	19	20
21	22	23	24 San Juan	25	26	27
28	29	30				

JULIO

2021 2021

Lu	Ma	Mi	Ju	Vi	Sá	Do
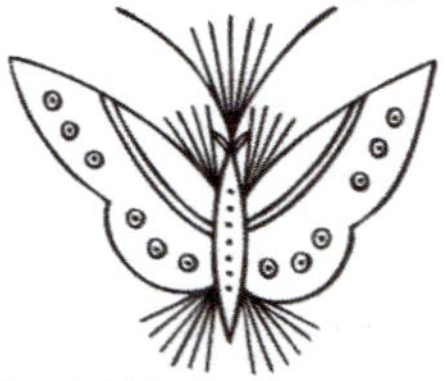			1	2	3	4
5	6	7	8	9	10	11
12	13	14	15	16	17	18
19	20	21	22	23	24	25
26	27	28	29	30	31	

AGOSTO

2021 2021

Lu	Ma	Mi	Ju	Vi	Sá	Do
						1
2	3	4	5	6	7	8
9	10	11	12	13	14	15 La Asunción de la Virgen
16 La Asunción de la Virgen (observada)	17	18	19	20	21	22
23	24	25	26	27	28	29
30	31					

SETIEMBRE

2021 2021

Lu	Ma	Mi	Ju	Vi	Sá	Do
		1	2	3	4	5
6	7	8	9	10	11	12
13	14	15	16	17	18	19
20	21	22	23	24	25	26
27	28	29	30			

Octubre

2021 2021

Lu	Ma	Mi	Ju	Vi	Sá	Do
				1	2	3
4	5	6	7	8	9	10
11	12 Día de la Hispanidad	13	14	15	16	17
18	19	20	21	22	23	24
25	26	27	28	29	30	31

Noviembre

2021 2021

Lu	Ma	Mi	Ju	Vi	Sá	Do
1	2	3	4	5	6	7
8	9	10	11	12	13	14
15	16	17	18	19	20	21
22	23	24	25	26	27	28
29	30					

diciembre

2021

Lu	Ma	Mi	Ju	Vi	Sá	Do
		1	2	3	4	5
6	7	8 La Inmaculada Concepción	9	10	11	12
13	14	15	16	17	18	19
20	21	22	23	24 Nochebuena	25 Navidad	26 Día de la Sagrada Familia
27	28	29	30	31 Nochevieja		

www.ingramcontent.com/pod-product-compliance
Lightning Source LLC
Chambersburg PA
CBHW080631030426
42336CB00018B/3154